INSTITUT DE FRANCE.

ACADÉMIE DES BEAUX-ARTS.

# NOTICE
SUR LA VIE ET LES TRAVAUX
DE
# M. ROBERT-FLEURY
PAR
M. LE C.ᵗᵉ HENRI DELABORDE
SECRÉTAIRE PERPÉTUEL DE L'ACADÉMIE

Lue dans la séance publique annuelle du 31 octobre 1891.

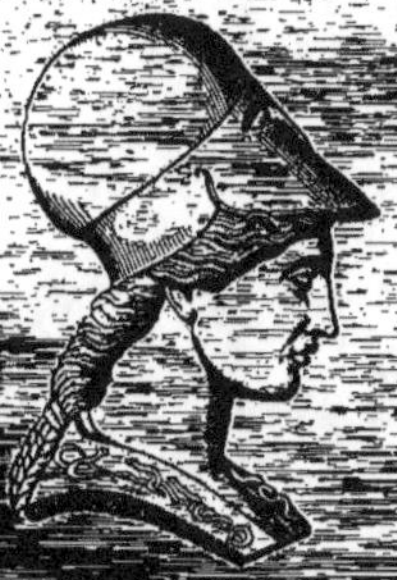

PARIS
TYPOGRAPHIE DE FIRMIN-DIDOT ET Cᵉ
IMPRIMEURS DE L'INSTITUT DE FRANCE, RUE JACOB, 56
M DCCC XCI

INSTITUT DE FRANCE.

ACADÉMIE DES BEAUX-ARTS.

# NOTICE

SUR LA VIE ET LES TRAVAUX

DE

# M. ROBERT-FLEURY

PAR

M. LE C<sup>TE</sup> HENRI DELABORDE

SECRÉTAIRE PERPÉTUEL DE L'ACADÉMIE

Lue dans la séance publique annuelle du 31 octobre 1891.

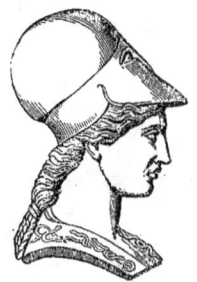

PARIS
TYPOGRAPHIE DE FIRMIN-DIDOT ET C<sup>ie</sup>
IMPRIMEURS DE L'INSTITUT DE FRANCE, RUE JACOB, 56.

M DCCC XCI.

# NOTICE

### SUR LA VIE ET LES OUVRAGES
#### DE

# M. ROBERT-FLEURY

PAR

### M. LE C<sup>TE</sup> HENRI DELABORDE
SECRÉTAIRE PERPÉTUEL DE L'ACADÉMIE

Lue dans la séance publique annuelle du 31 octobre 1891.

---

Messieurs,

A toutes les époques et dans toutes les écoles, dans notre école moderne en particulier, des artistes — même parmi les plus éminents — se rencontrent, aussi différents par les mœurs de l'esprit que par les caractères du talent. Les uns, tels que Ingres, Géricault, Horace Vernet ou Delacroix, n'ont pas besoin de se chercher longtemps pour se connaître. A l'heure même où ils débutent, ils savent ce qu'ils veulent, comme ils sentent ce qu'ils peuvent, et donnent ouvertement la mesure de leurs forces dès leurs premiers pas dans une voie que chacun d'eux désormais ne quittera plus. Les autres — et M. Robert-Fleury a été du nombre — s'interrogent anxieusement pendant plusieurs années, s'éprouvent pour ainsi dire dans des essais d'eux-mêmes presque contradictoires, et n'arrivent à se fier à leurs inspirations propres qu'après avoir subi tour à tour des influences diverses et procédé par imitations. Qui croirait, en face des tableaux produits par M. Robert-Fleury dans la maturité de son talent et dans toute la certitude de sa foi esthétique, qui croirait devant ces œuvres si caractéristiques, si franchement personnelles, que celui qui les a faites avait, au temps de sa jeunesse, recherché et reçu avec un égal empressement les enseignements successifs et assurément très dissemblables d'Horace Vernet, de Girodet et de Gros ; que, plus tard, il avait songé tantôt à marcher sur les traces de Schnetz et de Léopold Robert, tantôt à s'approprier dans ses *portraits* quelque chose de la manière anglaise ; qu'enfin, à un certain moment, après un voyage en Hollande, il s'était, de la meilleure foi du monde, mis en tête de renoncer à ses visées de peintre d'histoire ou de portraitiste, pour se consacrer exclusivement, comme autrefois Cuyp ou Paul Potter, à la peinture de paysage et d'animaux ?

Que conclure toutefois de ces longues hésitations, de ces démentis, si l'on veut? C'est que, loin de compromettre en quoi que ce soit le respect dû à celui qui s'y était d'abord condamné, de telles épreuves, en raison de leur diversité même, attestent l'énergie de ses aspirations et le besoin chez lui d'arriver, coûte que coûte, non pas seulement au bien, mais au mieux. Tout enfant, M. Robert-Fleury avait eu le goût instinctif de la peinture ; jeune homme, il en eut le culte, mais un culte laborieux et troublé, compliqué dans la pratique d'efforts d'autant plus pénibles qu'ils changeaient plus souvent d'objet. Parmi les peintres qui ont honoré notre école depuis le commencement du siècle, aucun, pourrait-on dire, ne s'est révélé aussi tard à lui-même et aux autres : en tout cas, il n'y aurait que justice à ajouter qu'aucun non plus, ses premières preuves de maîtrise une fois faites, ne les a ensuite plus vaillamment renouvelées et n'a mieux gardé jusqu'à la fin l'ardeur de ses convictions, de son zèle, et l'amour passionné de son art.

Avant de commencer son apprentissage d'artiste, M. Robert-Fleury d'ailleurs n'avait été, comme tant d'autres futurs maîtres, qu'un simple artisan obligé de demander le pain de chaque jour à des travaux de l'ordre le plus humble. Ceux dont il avait eu d'abord à s'acquitter ne laissaient pas néanmoins de correspondre jusqu'à un certain point à ses inclinations naturelles, puisque dès lors il s'agissait pour lui de faire œuvre de peintre, — de peintre d'armoiries sur voitures, il est vrai, — mais enfin de dessiner des formes et d'associer des couleurs. L'entrepreneur de carrosserie qui l'avait pris à ses gages ne se doutait guère des ambitions secrètes de son jeune ouvrier, et peut-être celui-ci craignait-il encore de se les avouer trop complaisamment à lui-même. Tout avait si mal tourné pour lui depuis son entrée dans la vie ! A huit ans, il avait vu ses parents contraints par des revers de fortune de quitter Cologne, ville alors française où ils étaient établis et où il était né le 8 août 1797, pour venir chercher à Paris des ressources qu'ils n'y trouvèrent pas, qui leur firent au contraire si complètement défaut que, sans la libéralité d'un ami de son père, le pauvre enfant aurait été privé même de la très élémentaire instruction qu'il reçut. Encore dut-il bientôt renoncer à ses modestes études. La mort de celui qui en faisait les frais lui ôta tout moyen de les poursuivre et le réduisit, du jour au lendemain, à la nécessité de travailler, non plus pour approvisionner son intelligence en vue de l'avenir, mais pour se procurer dès à présent de quoi vivre. De là le métier qu'il avait dû prendre et, si maigre qu'en fût le salaire, la besogne toute manuelle à laquelle il s'était, au moins pour un temps, résigné.

Au bout de quelques mois, cependant, les tâches de l'apprenti étaient devenues un peu plus fructueuses et surtout plus attrayantes. Elles avaient d'abord uniquement consisté dans la reproduction banale, parfaitement muette pour lui, des modèles confiés par les clients à son patron, aussi étranger qu'il l'était lui-même aux secrets de l'art héraldique. Si pourtant, en arrivant à connaître ces secrets, on se trouvait du même coup en mesure d'entrer en relation directe avec les intéressés, au lieu de n'avoir affaire qu'à un intermédiaire ; si, au lieu de recevoir des mains de celui-ci un exemplaire d'armoiries à copier tel quel, on pouvait se rendre capable d'en composer un soi-même, conformément aux strictes lois du blason, mais, quant à l'agencement pittoresque, avec une certaine indépendance de goût, — n'y aurait-il pas là un double profit, au point de vue des progrès techniques et des ressources matérielles ? Voilà, Messieurs, ce que se disait, il y a près de quatre-vingts ans, votre futur confrère, et ce qu'il réalisa bientôt avec un succès relatif. Un *Traité du Blason*, qu'il s'était procuré pour la somme de cinq sols à l'étalage d'un bouquiniste, fut son premier bréviaire esthétique; des figures « de support » aux deux côtés d'un écu d'armes lui fournirent les premières occasions d'essayer son imagination, en attendant que le jour vînt où il lui serait possible d'entreprendre des études plus sérieuses au Louvre ou dans l'atelier d'un peintre.

Robert-Fleury avait déjà dépassé l'âge de l'adolescence lorsque, sur la recommandation de M. de Forbin, directeur général des musées à cette époque, Horace Vernet consentit à le recevoir parmi ses élèves ou, pour parler plus exactement, parmi les témoins habituels de ses travaux. On sait que, dans les premières années de la Restauration, l'atelier du brillant artiste n'avait rien moins que le caractère d'un lieu d'étude. Ceux qui s'y réunissaient chaque jour, simples amateurs pour la plupart, y venaient chercher des amusements beaucoup plutôt que des leçons, et ne craignaient point par instants de laisser là pinceaux et palettes pour les occupations passablement turbulentes dont une estampe bien connue a consacré le souvenir. De son côté, Horace Vernet n'était guère d'humeur à prendre, dans un pareil milieu, le rôle d'un grave professeur et à disserter doctrinalement sur l'art. Il se contentait de le pratiquer à sa manière, et certes avec une singulière habileté : prêchant d'exemple pour tout ce qui tenait à la célérité, à la facilité spirituelle de l'exécution, mais se préoccupant assez peu, même pour son propre compte, d'autres conditions plus sévères et d'autres exigences plus hautes. A plus forte raison négligeait-il d'en parler à ceux qui l'entouraient. Robert-Fleury, pendant tout le temps qu'il passa dans l'atelier d'Horace Vernet, se trouva donc à peu près réduit à n'apprendre de l'art que ce dont pouvaient l'informer les œuvres qu'il voyait sortir chaque jour de la main prodigue de son maître. Peut-être de pareilles leçons eussent-elles eu leur genre d'utilité pour un homme que des études préalables d'après la nature ou d'après les grands modèles eussent déjà muni d'un certain fonds d'expérience et de savoir ; mais pour un débutant, n'y avait-il pas là simplement un spectacle plus surprenant en réalité qu'instructif ?

Horace Vernet lui-même en jugeait apparemment ainsi, puisqu'il fut le premier à conseiller à son élève d'aller chercher ailleurs les enseignements classiques et les occasions d'étude qu'il ne pouvait trouver chez lui, — sauf à ne point le perdre de vue pour cela, et même à stimuler plus tard ses efforts par des avis personnels d'autant plus méritoires qu'ils devaient être, au fond, plus désintéressés. « J'attends
« avec impatience, lui écrivait-il en 1823, les tableaux que
« vous m'avez annoncés ; je vous avoue que je n'ai pu juger
« de vos progrès d'après celui que j'ai déjà reçu. Il est
« trop lâché pour que je puisse y trouver autre chose que
« de la facilité.,. Or, s'il est bon d'en avoir, il ne faut s'en
« servir que pour rendre promptement les choses que l'on
« sait ; mais, dans aucun cas, la brosse ne doit l'emporter
« sur l'essentiel. De là, le reproche que je vous fais positi-
« vement. Vous avez employé une belle écriture pour
« écrire sans orthographe... Les jambes de votre brigand
« sont trop courtes, les bras trop longs ; votre capucin n'a
« pas de corps et tombe sur le nez. Voilà des choses dures,
« me direz-vous ; mais je dois à l'amitié que j'ai pour vous
« de ne rien vous cacher. Aussi ajouterai-je que les expres-

« sions sont justes, que le tout est d'une bonne couleur,
« quoique un peu lourde, et qu'en masse il y a de la force
« de ton. Enfin, avec un peu de réflexion, vous eussiez
« fait une très bonne chose, tandis que vous n'en avez pro-
« duit qu'une où les défauts l'emportent sur le mérite,
« bien qu'il y en ait beaucoup... »

Robert-Fleury était depuis quelque temps à Rome à l'époque où Horace Vernet lui adressait cette lettre si affectueusement sévère. Après quatre ans passés dans l'atelier de Girodet, et quelques mois dans celui de Gros, il était parti pour l'Italie avec une famille anglaise qui se l'était attaché comme maître de dessin ; puis, cette famille étant retournée en Angleterre, il avait, une fois séparé de ses compagnons de voyage, si bien prolongé son séjour à Rome qu'il s'y trouvait encore trois ans plus tard. Il songeait même à s'y établir définitivement, à l'exemple de plusieurs autres artistes français, depuis le paysagiste Didier Boguet, qui, arrivé à Rome en 1786 avec l'intention d'y rester six mois, continua de l'habiter pendant un demi-siècle sans avoir une seule fois revu la France, jusqu'à Ingres, qui ne devait y rentrer que bien des années après celle où il avait cessé d'être pensionnaire de l'État à la Villa Médicis. Ce fut encore Vernet qui intervint pour détourner de son projet Robert-Fleury, et comme celui-ci, dans une de ses lettres, avait argué auprès de lui des facilités résultant, pour le placement des tableaux, de l'affluence des étrangers à Rome, Vernet, dans une réponse à double fin, l'avertissait ainsi de ses illusions sur ce point et du tort qu'elles pouvaient faire au développement de son talent :
« Les amateurs à Rome, écrivait-il, sont des oiseaux de

« passage. Ils partent de chez eux avec l'intention d'acheter
« un Granet ou un Léopold Robert : ils arrivent, paient
« très bien, parce que les tableaux de ces artistes sont
« très beaux. Alors, comme on a besoin d'argent, on s'es-
« saie dans le genre spécial des deux peintres que je viens
« de citer, et, insensiblement, on se trouve n'avoir fait que
« mettre les pieds dans les traces des pieds des autres.
« Pour profiter à Rome, il faut y arriver avec un talent
« fait, ou bien s'y livrer seulement à l'étude. Revenez donc
« à Paris classer les idées que vous aurez recueillies en
« Italie et vous livrer à l'impulsion que vous donnera votre
« imagination. Ici, vous resterez *vous* plus facilement... »

« Rester » ou plutôt devenir « soi » : tel était en effet
le problème qui s'imposait plus impérieusement que jamais
au jeune artiste, et dont celui-ci, à force de déférence pour
les autres, avait, d'année en année, rendu plus difficile
pour lui la solution. Et cependant, depuis l'époque où
avaient paru les premiers ouvrages de sa main, — certaines
lithographies entre autres sur des sujets militaires renouvelées des exemples de Vernet, — jusqu'au jour où il quit-
tait l'Italie, Robert-Fleury s'était progressivement acquis
des droits à l'attention bienveillante des artistes et même,
dans le public, un commencement de notoriété. A Rome,
il avait reçu les encouragements de Guérin, alors directeur de l'Académie de France, et de Granet, qu'il devait,
vingt-cinq ans plus tard, remplacer parmi vous ; à Paris,
un tableau envoyé au Salon de 1824 et représentant des
*Religieux camaldules rançonnés par des brigands* lui avait
valu, outre une récompense honorifique, l'acquisition de
cette toile au nom du Roi et la commande d'un autre

tableau. Restait maintenant, après ces succès relatifs, à prendre décidément position, à marquer nettement sa place dans les rangs des jeunes peintres qui, vers la fin de la Restauration, travaillaient à réagir contre l'inertie des doctrines professées et l'insignifiance des œuvres produites par les pâles imitateurs de David.

Le difficile était seulement, tout en admettant l'opportunité de l'entreprise, de ne pas s'exagérer les droits qu'elle conférait, et de concilier le respect des lois immuables de l'art avec la recherche des moyens les plus propres à en renouveler les formes. D'ailleurs, à quels sujets s'agissait-il pour Robert-Fleury de s'attacher de préférence? Continuer ici à reproduire des scènes rustiques italiennes, loin des modèles qu'il avait naguère sous les yeux, il n'y fallait pas songer; sans compter que des scènes de ce genre avaient été trop souvent déjà traitées par d'autres peintres pour que l'intérêt qu'elles pouvaient exciter à l'origine ne se trouvât singulièrement amoindri. Les bandits eux-mêmes de la Sabine ou des Abruzzes commençaient à passer de mode, et pour les remettre en faveur un peu plus tard, il ne fallut pas moins qu'un des chefs-d'œuvre de l'Opéra-Comique, le *Fra Diavolo* d'Auber. D'un autre côté, la nécessité de se procurer à courte échéance des ressources matérielles ne permettait pas à Robert-Fleury d'entreprendre des travaux de longue haleine et d'aborder la peinture d'histoire proprement dite, comme il en aurait eu au fond l'ambition. Obligé de s'en tenir à la peinture anecdotique et au portrait, il ne fit guère, tant que dura le règne de Charles X, et même pendant les premières années du règne suivant, que dépenser au hasard des occasions un talent supérieur le plus souvent à ses tâches, invariablement probe et grave, là même où les sujets donnés eussent paru exiger le moins d'efforts ; mais un talent d'une physionomie un peu équivoque et dont les témoignages, tout en se succédant sans relâche, n'accusaient encore ni une doctrine bien fixe, ni des préférences bien arrêtées. Des tableaux signés du même nom et figurant aux mêmes expositions représentaient, tantôt *Une lecture chez M$^{me}$ de Sévigné* et *Une scène de la Saint-Barthélemy*, tantôt la *Procession de la Ligue* et des *Enfants gardant du gibier*, tantôt enfin *Jésus au milieu des enfants* et une *Sortie d'église,* en Suisse. D'autres toiles, moitié portraits, moitié tableaux de genre, — comme le petit portrait en pied du jeune prince qui devait, un demi-siècle plus tard, devenir à l'Académie le confrère du peintre, au grand honneur de celui-ci et au nôtre, — des paysages même, avec des groupes de moutons ou de bœufs, avaient accoutumé le public à tenir compte d'une habileté assez souple en apparence pour s'approprier convenablement à tout, mais à laquelle des juges difficiles eussent pu reprocher de ne s'appliquer excellemment à rien. Hâtons-nous d'ajouter que le moment était venu où cette habileté, en se circonscrivant, allait acquérir une autorité décisive ; où la pensée de l'artiste emprunterait de sa concentration même une vigueur et, dans l'expression, une certitude, que les œuvres produites par lui jusque-là permettaient à peine de soupçonner.

Ce fut à dater du jour où il eut pris le parti de se vouer presque exclusivement à la reproduction des scènes historiques du XVI$^e$ siècle que Robert-Fleury réussit à entrer enfin en pleine possession de lui-même, et à montrer, avec un éclat qui jusqu'à la fin ne devait pas s'affaiblir, sa rare intelligence de la physionomie morale aussi bien que des caractères extérieurs d'une époque. Et, en même temps que le sens historique qu'ils attestaient si hautement, ses nouveaux ouvrages présentaient, au point de vue de l'exécution, des mérites d'autant plus remarquables qu'ils se ressentaient moins des réserves ou des hésitations passées. Le *Colloque de Poissy,* par exemple, — un des premiers par la date des tableaux appartenant à la seconde période de la vie du peintre, — n'est pas seulement une image, authentique en quelque sorte à force d'être vraisemblable, d'un fait accompli il y a plus de trois cents ans. Depuis le royal adolescent, au corps chétif et à la mine de sinistre augure, assis à côté de sa mère, jusqu'aux orateurs religieux des deux partis, jusqu'aux assistants de toutes les classes, les personnages évoqués par Robert-Fleury ne nous apparaissent pas seulement dans toute la vivacité de leurs passions ou sous les exacts dehors que donne à chacun d'eux la diversité des rangs, des tempéraments, des habitudes : il y a là un ensemble aussi intéressant pour les yeux que pour l'esprit, une œuvre essentiellement pittoresque en un mot, où la riche solidité de la couleur et la précision du dessin s'allient à la vigueur de l'effet, à une puissante harmonie dans l'aspect général.

Les mêmes qualités se retrouvent, et quelquefois à un degré supérieur encore, dans les nombreuses toiles dont le *Colloque de Poissy* ouvre la série, et qui consacrent, les unes les plus lugubres souvenirs des violences exercées au XVIe siècle, — *Une scène de torture,* un *Auto-da-fé,* l'*Incen-*

*die d'un quartier juif*, — les autres, la mémoire d'hommes de l'époque illustres à divers titres, — *Galilée devant le Saint-Office, Michel-Ange et Jules II, Ambroise Paré, Ramus, Titien*, enfin, et surtout, *Charles-Quint à Saint-Just*, le chef-d'œuvre du maître peut-être, et certainement un chef-d'œuvre en soi : productions empreintes toutes d'une science du passé singulière, et pourtant bien modernes en ce sens que, au moment où elles parurent, elles correspondaient à des aspirations nouvelles chez nous, à ce besoin « de couleur locale », comme on disait alors, que même les plus qualifiés parmi les peintres romantiques avaient en réalité plutôt excité que satisfait.

N'est-ce pas en effet à des aperçus assez hasardeux, à des indications de fantaisie, que se réduisent la plupart des renseignements historiques fournis sur le moyen âge par exemple ou sur les époques suivantes, par certains peintres contemporains de Robert-Fleury ? Il y a une part de roman dans les récits de leurs pinceaux ; il y a dans leur manière d'exposer les faits je ne sais quelle indépendance d'imagination qui, tout en intéressant plus ou moins la curiosité, ne laisse pas de déconcerter un peu la confiance. On peut, au contraire, se fier, sans réserve d'aucune sorte, à la véracité de Robert-Fleury. Tout, dans ses tableaux, est le résultat d'études si consciencieusement approfondies qu'il semble impossible, en face de ces ouvrages aussi scrupuleusement exécutés que conçus, de n'être persuadé qu'à demi. Suivant le jugement qu'il portait un jour sur lui-même, le savant peintre « n'a pas été », à proprement parler, « un de ceux qui ont ouvert à l'art une voie toute nouvelle », soit ; mais il a été un de ceux qui ont su le mieux discerner la tâche spéciale qu'il leur appartenait de remplir et qui, cette tâche une fois choisie, s'y sont dévoués jusqu'au bout avec le plus de vigueur et de succès.

A ne le considérer au surplus que comme praticien, — je veux dire, abstraction faite de ses facultés d'invention rétrospective, — Robert-Fleury a son importance et sa physionomie à part dans le groupe des représentants principaux du mouvement accompli en France avant la seconde moitié du siècle. Contrairement à la manière un peu compliquée ou trop souvent aventureuse de quelques-uns des novateurs d'alors, son faire se recommande par une simplicité robuste, par une fermeté intraitable dans le dessin et dans le coloris. On pourra trouver ailleurs, dans les œuvres du peintre de la *Mort du duc de Guise* par exemple, des qualités d'exécution plus délicates; dans les tableaux du peintre de l'*Entrée des Croisés à Constantinople* des tons plus opulents, une harmonie de couleurs plus ouvertement originale : où trouvera-t-on aussi sûrement qu'ici, la combinaison dans des proportions égales des ressources que fournit la palette et des conditions qu'impose la saine imitation des choses par la ligne et par le modelé? « J'ai toujours aimé le des-
« sin et je m'y suis beaucoup appliqué, écrivait Robert-
« Fleury vers la fin de sa vie, mais la couleur également
« me charmait. Aussi ne me suis-je formé qu'avec peine. »
C'est parce que, depuis le jour où il avait réussi, comme il dit, à « se former », il s'est invariablement attaché à contenter avec les mêmes scrupules cette double passion, c'est parce que, sous son pinceau à la fois savant et sincère, tous les éléments de la vraisemblance pittoresque se concilient et s'entr'aident, que Robert-Fleury mérite le titre de

maître. L'impartialité même de sa manière en constitue l'originalité.

Faut-il maintenant, Messieurs, chercher à venger notre vénéré confrère de certaines accusations ou — ce qui importerait peut-être davantage — de certaines louanges provoquées par la nature de plusieurs sujets qu'il lui est arrivé de traiter, par sa prédilection apparente pour des scènes d'intolérance religieuse ou de fanatisme? On s'est, dans des intérêts divers, mais avec une égale illusion de part et d'autre, autorisé des œuvres de Robert-Fleury en ce genre, pour voir en lui un ennemi de l'Église, systématiquement résolu à faire du pinceau un instrument de polémique. Sans parler des témoignages fort contraires assurément que fournirait la vie privée de Robert-Fleury, son goût prédominant pour les sujets d'un caractère pittoresquement dramatique suffit de reste pour démentir les intentions qu'on lui a prêtées. Peintre avant tout, il entendait saisir des occasions de faire acte de peintre, en groupant dans une des plus belles salles du Vatican les membres richement vêtus d'un haut tribunal ecclésiastique, — dussent-ils s'y être rassemblés pour condamner Galilée, — ou bien en nous montrant, dans toute l'austérité de leurs physionomies et de leurs costumes, des moines auprès d'un patient soumis à la question ou de malheureux traînés au bûcher. S'ensuit-il que l'image de ces faits sinistres impliquât chez celui qui la traçait la pensée d'en élargir la signification outre mesure? En réalité, Robert-Fleury ne songeait pas plus à attaquer la religion par la représentation des excès auxquels la religion a pu servir de prétexte que Paul Delaroche ne prétendait faire la guerre au principe monarchique en nous rappelant que la faiblesse de Charles Ier avait laissé conduire Strafford au supplice, et que les assassins du duc de Guise obéissaient aux ordres de Henri III. Un juge aussi directement intéressé, on l'avouera, que compétent en semblable matière, le pape Pie IX lui-même, n'eut garde de s'y méprendre. Lorsque, devenu en 1864 directeur de l'Académie de France à Rome, le peintre de la *Scène d'Inquisition* et de l'*Auto-da-fé* fut reçu pour la première fois par le saint et spirituel Pontife, il crut devoir incidemment s'excuser du choix de ces sujets qui, déclarait-il de bonne grâce, dans le cas où il constituerait un péché, mériterait du moins « miséricorde » à ce titre. « Certes, » répondit le pape en souriant de son fin sourire et en répétant le mot, « miséricorde pleine et entière. Plût à Dieu que les offenses à la religion ne fussent jamais plus calculées ni plus condamnables que celles-là ! » C'était faire preuve à la fois de générosité et de discernement. Et d'ailleurs, peut-être Pie IX savait-il que celui qu'il rassurait ainsi n'avait pas, tant s'en faut, usé de son talent pour consacrer seulement des souvenirs de persécution ou de violence. En tout cas, c'est ce qu'il convient de rappeler ici. La *Mort de Titien*, *Michel-Ange soignant son serviteur malade*, le *Sénat de Venise recevant l'épée de Henri IV*, les *Derniers Moments de Montaigne*, — bien d'autres tableaux encore du même genre, bien d'autres hommages à de grandes mémoires, compenseraient au moins les prétendus torts que, suivant quelques-uns, Robert-Fleury se serait donnés ailleurs. Le plus sûr comme le plus juste est donc de s'en tenir à l'appréciation, en tant qu'œuvres d'art, de ces œuvres diverses, d'en peser

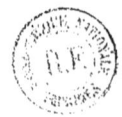

la valeur intrinsèque, en un mot de les juger sans plus de parti pris que des travaux sortis d'autres mains vers la même époque, et qui, en raison de leur genre de mérite, pourraient avec à-propos être mis en regard de ceux-ci.

J'ai cité tout à l'heure le nom de Paul Delaroche : les souvenirs qui s'y rattachent ne permettent-ils pas de le rapprocher, préférablement à tout autre, de celui de Robert-Fleury? Et ce n'est pas seulement par leur manière d'envisager la fonction de l'art à notre époque, par leur prédilection commune pour le drame historique et pour les effets qu'en peut tirer le pinceau, que les deux peintres justifieraient ce rapprochement, toute proportion gardée d'ailleurs entre l'importance des tâches qu'ils ont eu chacun à remplir : l'étroite amitié qui les a unis l'un à l'autre doit au moins être rappelée, puisqu'elle a eu parfois ce résultat d'associer leurs talents pour l'exécution d'ouvrages qui ne portent en réalité que la signature de l'un d'eux. Ainsi, le tableau de Robert-Fleury représentant les *Enfants de Louis XVI au Temple* reproduit une composition dessinée par Paul Delaroche, tandis que la grande toile signée du nom de celui-ci et conservée à l'Hôtel de Ville de Paris, le *Retour des vainqueurs de la Bastille*, a été en partie peinte par Robert-Fleury. Enfin, quand un incendie eut gravement endommagé en 1855 la peinture de l'*Hémicycle* à l'École des Beaux-Arts, ce fut Robert-Fleury qui répara ce désastre en consacrant de longs mois à une restauration que son ami ne s'était pas senti le courage d'entreprendre.

La mort de M. Delaroche vint en 1856 rompre ces relations si affectueuses et si intimes et les remplacer pour le survivant par des regrets que les trente années qui allaient suivre ne devaient à aucun moment affaiblir. Même dans ses derniers jours, Robert-Fleury parlait de celui dont il était depuis si longtemps séparé avec la même émotion que s'il l'eût perdu la veille ; il s'élevait avec une généreuse colère contre l'indifférence qu'affectaient quelques-uns pour un talent naguère si unanimement applaudi ; il se vengeait, par l'énergie de sa fidélité personnelle, des oublis ou des injustices d'autrui. La fidélité : c'est là, en toutes choses, la vertu caractéristique de ce cœur incapable, une fois donné, de se reprendre, comme cette intelligence, après les hésitations du début, était devenue incapable d'abandonner quoi que ce fût de ses croyances. Cette force intérieure résultant, comme dit Pascal, du plein « consentement de soi-même à soi-même », cette parfaite droiture morale qui seule procure à un homme sa personnalité et au talent dont il a été doué son éloquence, Robert-Fleury en a, dans sa vie aussi bien que dans ses œuvres, fourni des témoignages sans équivoque. Après Poussin, après tant d'autres artistes français plus près de nous, il a hautement honoré son nom à ce double titre et prouvé une fois de plus que les maîtres dans l'art du beau peuvent être aussi des maîtres dans l'art du bien.

Est-il besoin d'ailleurs d'insister ici sur les mérites d'une existence dont chacun de vous, Messieurs, a été si bien en mesure de connaître et d'apprécier la dignité? Tous ceux qui sont devenus successivement les confrères de M. Robert-Fleury dans cette Académie à laquelle il a appartenu pendant près d'un demi-siècle, tous savent de reste avec quelle ardeur, avec quelle passion juvénile jusque sous les glaces de l'âge, il se portait en toute occasion à la défense de la cause de l'art et à celle des intérêts qui s'y rattachent. Ils savent aussi et ils n'oublieront pas ce qu'il était à ce foyer de famille où, à côté d'une femme et de deux enfants dignes de lui, il semblait tirer d'eux tout son orgueil et s'oublier lui-même, soit pour applaudir aux succès de son fils, soit pour se dévouer à son tour à celle qui l'avait si vaillamment soutenu au temps des luttes difficiles et lui rendre en tendres soins ce qu'il avait jadis reçu d'elle en exemples de courage ou en bons conseils. Condamné, par la mort de M$^{me}$ Robert-Fleury en 1887, à rester pendant trois années isolé de la chère compagne de toute sa vie, le vieux maître, plus qu'octogénaire déjà, trouva dans le culte des souvenirs qu'elle lui laissait, la force de supporter cette suprême épreuve et d'attendre, avec une résignation qui s'inspirait de haut, l'heure où il aurait achevé de la subir.

Et pourtant, si désintéressé qu'il fût, dans cette période finale, des choses du dehors, il n'en gardait pas moins avec la même ferveur qu'autrefois la religion de cet art que son affaiblissement physique ne lui permettait plus de pratiquer. Tant qu'il lui fut possible de sortir de chez lui, il ne manqua pas d'aller, à de courts intervalles, faire ce qu'il appelait « ses dévotions » au Musée du Louvre, c'est-à-dire puiser dans la contemplation des anciens chefs-d'œuvre une consolation pour son inaction présente en même temps qu'un aliment pour les besoins avides et pour l'invincible ardeur de sa foi. Et quand, immobilisé par la maladie et par l'âge, il se vit réduit à ne plus vivre que dans son fauteuil, il voulut encore rester en commerce familier, bien que forcément indirect, avec ces maîtres qu'il avait si passionnément, si pieusement aimés. C'était en étudiant des dessins ou des estampes d'après leurs tableaux, qu'il cherchait à retrouver et qu'il éprouvait en effet toutes ses émotions d'un autre temps; c'était sur ces œuvres de seconde main, sur de simples croquis quelquefois, qu'il attachait, avec toute la vivacité de ses souvenirs, avec toute l'énergie de sa vieille admiration pour les modèles, ce regard que la mort allait bientôt voiler.

Suit-il de là toutefois que M. Robert-Fleury professât à l'égard du passé un culte systématiquement exclusif et que, — pour appliquer à la peinture le mot par lequel M. Royer-Collard prétendait, il y a cinquante ans, justifier son détachement de la littérature contemporaine — il « ne lût plus et se contentât de relire »? Jamais artiste, au contraire, ne fut moins que celui-là tenté de marchander son attention aux nouveaux talents qui venaient à se produire, ou ses hommages aux talents déjà consacrés. Admirateur d'Ingres, il n'en avait pas moins été le défenseur chaleureux de Delacroix à l'époque où l'Académie hésitait encore à lui ouvrir ses portes. Et parmi ceux qui depuis lors se sont élevés aux premiers rangs, combien n'en citerait-on pas dont il s'était montré l'un des plus empressés à encourager les débuts ou à proclamer les mérites! Depuis l'illustre et bien-aimé doyen de notre Compagnie (1) jusqu'aux plus jeunes d'entre vous, Messieurs, depuis les chers confrères dont la mort nous séparait naguère jusqu'à tels autres qui, Dieu merci, nous

---

(1) M. Henriquel.

restent et au témoignage desquels j'en pourrais appeler, les artistes qui ont le plus honoré ou qui honorent le plus aujourd'hui notre école n'ont-ils pas trouvé toujours auprès de cet ami né de tous les talents, l'appui d'un dévouement cordial, d'un bon vouloir à toute épreuve? Oui, Robert-Fleury a aimé même ses rivaux comme il aimait son art, avec le plus profond et le plus sincère désintéressement personnel.

Certains artistes mènent la vie et leur talent pour ainsi dire à perte d'haleine; d'autres, à force de se discipliner, s'immobilisent dans la routine. Le difficile est d'observer la mesure entre ces deux extrêmes, d'avoir la verve sans la fièvre et de garder la modération sans tomber dans l'inertie. Celui dont j'ai essayé, Messieurs, de résumer devant vous la vie et les travaux, a bien résolu ce double problème. Les incertitudes de sa jeunesse une fois passées, il a réussi à être et il est resté jusqu'à la fin un artiste à la fois enthousiaste et sage, très savant, sans faire parade de sa science, très laborieux, sans pour cela compter sur la patience plus que sur les actifs efforts de la volonté, un de ces hommes enfin au talent loyal, dont on peut dire à bon droit qu'ils ne laissent après eux que des exemples à suivre et que des souvenirs à respecter.

Paris. — Typ. Firmin-Didot et Cⁱᵉ, impr. de l'Institut rue Jacob, 56. — 27907.

www.ingramcontent.com/pod-product-compliance
Lightning Source LLC
Chambersburg PA
CBHW050040230526
45470CB00003B/1369